AF599810

BARRIO NUEVO

Un retazo infantil

Lucinio Laso

Aliarediciones

© Lucinio Laso Santos
© Barrio nuevo: un retazo infantil
© ALIAR 2015 Ediciones S.L.

Corrección: Inés González Calo
Diseño de cubierta: Laura S. Ayuso
Maquetación: Aliar Ediciones

Depósito Legal: GR 1088-2024
ISBN: 978-84-10374-42-3

Impreso en España

Edita
ALIAR Ediciones
www.aliarediciones.es
info@aliarediciones.es

La reproducción total o parcial de este libro, por cualquier medio, no autorizada por los autores y editores, viola los derechos reservados y las leyes sobre la propiedad intelectual.
Cualquier utilización debe ser previamente autorizada.

BARRIO NUEVO

Un retazo infantil

Lucinio Laso

A todos los que estuvieron en mi corto tiempo,
que aunque ya mayores, todos fueron niños.

«Quienes comparten nuestra niñez
nunca parecen crecer».
Graham Green.

«Fue resuelto a visitar lugares de su infancia.
Pero el idilio de la memoria contrasta
con el aspecto irreconocible del presente».
George Orwell.

«Los recuerdos se encierran unos dentro de otros
como muñecas rusas,
más pequeñas cuanto desde más lejos nos alcanzan».
Joan Margarit.

Siempre estuvo
aquella pequeña inscripción
situada bajo el alero
de la casa de los abuelos.

Daba el nombre a la calle
de aquel pueblo
eternamente recordado.

El paso del tiempo borró
aquellas dos palabras
con letras negras sobre fondo blanco
que decían:

«BARRIO NUEVO».

«En la calma de la memoria, y sobre todo cuando cierro fuertemente los ojos, en el momento que quiero, veo los rostros de algunas bellas personas que he conocido en la vida. Entonces me vienen recuerdos, uno tras otro, cada vez más hermosos. Y me parece que fue ayer cuando hablé con todas ellas. Aún siento el calor de las manos que estreché, de los besos y abrazos que de ellos recibí».

Jaroslav Seifert.

«Pues a medida que nos acercamos a la muerte, también nos acercamos a la tierra: pero no a la tierra en general, sino a aquel ínfimo pedazo (pero tan querido, tan añorado) en que transcurrió la infancia, en que tuvimos nuestros juegos e instauramos nuestra magia. Y entonces recordamos algún árbol, la cara de un amigo, un perro que corría con nosotros, un camino polvoriento y secreto en la siesta estival, un rumor de cigarras, aquel arroyito. Cosas así. No grandes cosas, sino modestísimas cosas, que en esos momentos adquieren melancólica majestad».

Ernesto Sábato.

«Cada vez iré sintiendo menos y recordando más, pero qué es el recuerdo sino el idioma de los sentimientos, un diccionario de caras y días y perfumes que vuelven como los versos y los adjetivos en el discurso, adelantándose solapados a la cosa en sí, al presente puro, entristeciéndonos o aleccionándonos».

Julio Cortázar.

1

PARA EMPEZAR

Ved que todo es infancia. La verdad que es silencio para siempre.
Claudio Rodríguez.

Empecé a escribir estas líneas cuando mi madre aún vivía. Su compañía y su memoria me ayudaron a empezar y me pareció un buen momento para remover todos los recuerdos. Llevaba ya varios años en una silla de ruedas, sin ser ella. Se cansaba de estar sentada, de estar viva y por eso se ponía nerviosa. Al principio, recordábamos juntos. Luego todo fue diferente. Ya no hablaba de manera sencilla y natural, con la viveza y el vigor que la caracterizaba. En las tardes que pasábamos juntos, le preguntaba por nombres y acontecimientos pasados. A veces le hacía recordar algunas de sus vivencias que años atrás me había contado. Escuchaba, levantaba la cabeza lentamente y tendía la mirada hacia el recuerdo. Y le sacaba una sonrisa. Pero ya no contaba nada nuevo. De manera que se fue mucho de su tiempo vivido. La recuerdo en la oscuridad de sus días de los últimos años de su vida, en su propio ser, bajo los efectos del Haloperidol y de los antipsicóticos. Se enturbian mis ojos cuando vuelvo a aquellas tardes y a sus últimos años. Y ahora más que nunca. Escribí este haiku en la soledad de mis días:

«Aunque ya mayor,
me encuentro desvalido
a veces ¡madre!».

Con mi padre fue diferente. Poco sabía de su infancia, de su familia, de su pueblo, del tiempo del seminario. ¡Cómo me hubiera gustado hablar largamente con él! Acompañarle en sus paseos matinales de todos los días y que me hubiera contado su vida, cómo fue su infancia.

«Te recuerdo, como al viento,
—el rostro sin agobio velado de ternura—».
Alfredo Buxan.

W. G. Sebald decía que es importante contar, narrar aspectos de la vida, pues de no ser así, se van contigo y esas vivencias de alguna manera quedan estériles y formarán parte de la niebla del olvido. No quiero perder, entre amargas filosofías, la dulce memoria de la infancia.

Otra vez niño, desde aquella infantil ingenuidad, disfruto escribiendo estas páginas. Las leo y releo sin darlas nunca por acabadas. Siempre surge un fugaz y repentino destello en mi memoria, alguna cosa, una fotografía, la lectura de un poema, la voz de algún libro, algo que me lleva a aquella niñez, ahondando todo ello en instantes de felicidad. Me he apoyado mucho en la literatura. Libros de poemas. Los poetas te abren el alma con la música de sus palabras. Decía C.G. Jung que las cosas más valiosas y elevadas ya han sido dichas hace mucho tiempo en el lenguaje más bello.

«El niño es un ser que encierra toda la gracia del mundo». Así respondió Miguel Delibes cuando le preguntaron por qué había tantos niños protagonistas en sus novelas. Creo que esa gracia inundó aquella calle por todos los rincones durante aquellos veranos.

Mi corta infancia en aquel pueblo fue un tiempo mítico e intenso. Un tiempo que fue ensueño. Esa edad de la inocencia que se hizo perenne. Prolongo los momentos que me llevan a aquellas breves e inolvidables vivencias, a su poesía, porque, aunque a cada paso que damos se lleva algo de nosotros, colmarán más si cabe la memoria de las cosas amadas.

Así, las siguientes páginas son un canto a este pequeño periodo de nuestra vida, en mi caso, ya tan lejano, en este nuevo mundo que cambia y se crea cada día.

2

EL PRINCIPIO

Hoy que es invierno miro hacia el pasado,
penetro en el bosque de mis sueños, de mi niñez perdida y asombrada.
Antonio Colinas.

Después de la muerte de mi madre me surgió la necesidad de volver a aquel lugar. Hoy, apoyado en la esquina de la casa de la abuela, en una mañana soleada de invierno con aire húmedo y refrescante, sabor dulce y aroma de tierra de campos por lluvias pasadas, gozo de aquella obra maestra de luz y color, de aquella música callejera, del entorno de las cosas que fueron, de las nostalgias, de los momentos de felicidad, de las vivencias extraordinarias, del perfil dibujado de aquel pueblo tantas veces nombrado y recordado, de casas bajas con dos enormes silos sobresaliendo por encima de ellas. Pero mi estado de ánimo se quiebra al observar la calle, los edificios que todavía están y otros desaparecidos pero que permanecen inalterados en mi memoria. Ya no están las paneras, los pilones, las casas molineras, el Viejo Árbol. La calle empequeñeció. Edificios nuevos ocultaron aquella ventana permanentemente abierta hacia las tierras de más al norte, tierras de Castilla. Despareció todo lo grande y llano. Ya no se ve el horizonte donde cielo y tierra parecían juntarse, ni la planicie que se extendía después de la huerta.

«El verde rotundo de los sembrados
el silencio apacible de los caminos
ese horizonte de diferente belleza».
Jesús Fonseca.

Ya no están las personas que llenaban todo el tiempo del día. Son los recuerdos del cielo de mi infancia, del bagaje intangible pero real de las sombras familiares.

Hace ya tiempo que empecé a desenredar toda aquella amalgama de recuerdos, apuntándolos en un cuaderno, según surgían, con la fuerza de la inmediatez, pues retornaba a aquel pasado con mucha frecuencia. Pasaron varios días evocando aquel conjunto de personas con sus gestos y con sus voces desde el otro lado del tiempo; de lugares con sus rincones, sus luces y sus espacios; de objetos usados con sus nombres y sus formas; de casas y edificios en un salir y entrar por ellos sin parar. Todo ello con la intención de impedir que el tiempo y la desgana hicieran su trabajo para alimentar el olvido y la pérdida. Me digo si no sería un error después de tantos años volver la vista al doloroso final, apoyado en esta esquina, mirando hacia la calle, pasando instantáneas, una tras otra, ante la impotencia de restaurar el pasado y de no poder sustentar en nada ni en nadie tanta desolación. Evoco la tristeza de una muerte, pero nunca es una peregrinación inútil, porque es una tristeza fascinante. Solo pretendo dejar por escrito todo lo que aquello significó, pues las palabras escritas sobre el papel cobran vida, rememorando los momentos de esplendor que viví y que todavía siguen haciendo que proyecte miradas hacia ese pasado ya muy lejano.

3

LA CALLE

He vuelto a la calle ahondada de esperas
rezando ausencias que ya no serán más.
Calle poblada de voces humildes...
Nora Lange.

Todos los años acudíamos a aquel pueblo para disfrutar de una realidad diferente de la percibida a diario. Parecía como si el lugar hubiera sido creado expresamente para nuestra distracción y divertimento. Todas las sensaciones se unen dejando en mí una huella que el tiempo no ha podido borrar.

Una hilera de edificios bajos, uno tras otro, sin solución de continuidad, constituían el lado izquierdo de una calle ancha y larga, perpendicular a la carretera. En la esquina del primero de ellos, la casa de los abuelos, había un pequeño letrero justo debajo del alero donde se podía leer «BARRIO NUEVO». Aquel letrero coloreaba mi memoria.

«Llamo a esa puerta que un día fue árbol.
Bosque habitado de pájaros,
en el que oigo cantar a mis abuelos».
Julia Otxoa.

Casi en medio de la calle y dando sombra a la casa crecía el Viejo Árbol. Era la sombra placentera del verano, el refugio a la hora de la siesta y por la noche, al relente, era donde hacíamos las tertulias, cantábamos canciones y contábamos historias. Al mediodía era el lugar predilecto para dejar aparcado el camión. Su follaje era tan espeso y sus ramas tan largas que si querías ver el cielo colmado de estrellas tenías que andar unos cuantos pasos fuera de su cobijo. Aquel árbol formaba parte de mi hermosa realidad.

El Viejo Árbol

...el árbol puro del amor eterno.
Juan Ramón Jiménez.

Mi infancia tuvo un árbol.
Un Viejo Árbol
al que fui buscando
junto a la casa de la abuela
y a la gente
bajo su sombra placentera.

De aquella gente
todos marcharon
los abuelos murieron
y las voces infantiles
para siempre enmudecieron.

Todo mi tiempo
bajo aquel pequeño oasis
fue quietud gozosa.

Bajo aquella enramada
mis sentimientos
se hicieron luz.

Abatieron el Viejo Árbol.

Lloró la calle
y se encogió mi corazón.

Desapareció el canto
y la alegría de los pájaros.

Desapareció la sombra del sosiego,
de los mediodías de agosto.

Y no se volvió a ver la luz
de todos los otoños.

Serraron su vida
y quemaron su alma
sin ni siquiera oír
sus gritos de dolor.

Era un árbol de amor
que iluminaba la calle.

Encontré desolación y tristeza
por la pérdida y la ausencia,
por la calle yerma,
por ningún árbol sobre la tierra.

Justo enfrente, en el lado derecho de la calle, estaba la tapia de la casa de Carlos «el practicante», al que recuerdo con mirada enfermiza y obsesiva. Corría tras de nosotros cada vez que nos veía para mordernos el lóbulo de la oreja hasta hacernos daño. Cuando sentía que se acercaba hacía mí, la sonrisa que se dibujaba en mi cara, en realidad, representaba el temblor del miedo y la vergüenza que yo sentía por dentro. Persistía con su acción hasta escuchar nuestro quejido. Todavía recuerdo con espanto aquella cara. Aquellos ojos azules tan claros y transparentes parecían los de una serpiente. Te hipnotizaban. Su tez rojiza y su pelo lacio y ralo, toda su imagen, todavía no la he podido olvidar.

A continuación de su casa y tras un terreno perdido había unos cuantos árboles, muy altos, tal vez fueran chopos o álamos negros, erguidos y esbeltos, seguidos uno tras de otro, transformando la calle, embelleciéndola.

Pasada la casa de los abuelos estaba la oficina, luego un pequeño colgadizo del tamaño justo para que cupiera el carro. A continuación, la panera «de arriba» con su bodega, luego la panera «de abajo» con dos pilones pegados a su pared, dos pequeñas casas, una cerrada y otra que la ocupaba una mujer muy mayor cuyo recuerdo lo mantengo vivo con detalle, sumergida en su soledad, asomándose a la calle a través de la puerta entreabierta de su casa. Guadalupe era su nombre. Vestida de negro, muy delgada, iniciando al vernos una leve sonrisa, mostrando infinidad de lentigos y arrugas en la piel de su cara, con su pelo blanco y liso cubriéndole todo el cuello.

La casa de tía Lucía era el último de los edificios, con su pozo y su corral. De manera que daban a la calle muchas puertas. Todas permanentemente abiertas.

Después la huerta, con la imagen del abuelo regando la remolacha y manejando la azada, el olor y el calor del verano castellano, algún camión descargando en las paneras, los criados entrando y saliendo sin parar, algunas mujeres de negro sentadas al pie de la puerta de la panera «de abajo» escogiendo legumbre sobre cribas forradas con sacos, completaban, si la memoria me es fiel, los ingredientes de aquel entorno.

Aquella calle llenaba todas las horas de día y éramos sus dueños.

4

EL ENTORNO

Por el verano vuelven los niños,
corren en el viento.
El que vive dentro de mí
también ha vuelto; continúa corriendo
en mis días. Siento sus ojos
reír; sus ojos
pequeños brillar como clavos
cromados. Siento sus dedos
cantar con la lluvia.
El niño ha vuelto. Corre con el viento.
Eugenio de Andrade.

El silbido de las locomotoras marcaba las horas del día y anunciaba la inminente llegada del tren a la estación del pueblo. Las máquinas hacían maniobras con relativa frecuencia, exhalando el humo y el vapor en la limpia atmósfera del verano. El paso a nivel, ligeramente elevado sobre una leve costanilla que hacía la carretera, se veía desde la casa de los abuelos y estaba a pocos metros de la calle. Todavía recuerdo la imagen del guardabarrera tendiendo con rapidez una larga cadena de extremo a extremo de la carretera al mismo tiempo que levantaba los brazos ante el inminente paso del tren, para detener el paso de coches, carros arrastrados por bueyes, caballerías, arrieros. A veces se formaban grandes colas por algún retraso o por maniobras en la estación, colas que llegaban y podían sobrepasar la esquina de la casa de la abuela. El ferrocarril fue el motivo por el cual los abuelos se trasladaron a aquel pueblo para impulsar su negocio de legumbres.

Mi alma infantil reconoció por primera vez lo que la naturaleza escondía, «imagen perfecta de un edén». Recuerdo la hermosura de las noches en que la luna bañaba suavemente la calle y un frescor, que venía de todas partes, la inundaba, noches apacibles y silenciosas extendidas sobre los trigales del otro lado de la carretera, noches infinitas con el sosiego de los cielos estrellados, el parpadeo permanente de los luceros y la grata caricia de su fresca brisa.

Recuerdo el canto de los grillos, el aroma de la tierra mojada después de una tormenta de verano, el olor de los campos recién segados, las tardes de trilla en las eras y cómo crepitaban las mieses al pisarse y hacerse paja en los campos, el vuelo y el canto de los pájaros, el croar de las ranas, la atmósfera densa del mediodía estival sobre una inmensa llanura inundada de luz que se dilataba hacia todos los horizontes, el brillar de las reverberaciones del sol en la pobeda, el silbido del tren desde la estación, el continuo contacto con los animales, el tránsito imperceptible de las horas, los días, en las paneras, en el corral. Todo aquel pequeño mundo lleno de sensaciones parecía irreal, pero me hacía sentir vivo. Un regocijo para el alma suponía la calma de aquel lugar.

«¡Era el alba tan cándida!
¡Tan dulce luego la mañana!
Tal mi infancia, ¿adónde
están ahora? ¿Adónde
vamos tan deprisa? ¡Tan lejanas!
¿Cómo eran?»
José Jiménez Lozano.

Allí, sentado en la acera de la casa de los abuelos, con el amor de todo lo que me rodeaba, pude sentir mi tiempo, mi fugaz tiempo, disfrutando de un ocio maravilloso. Acostumbrado a la ciudad, al corto camino de casa al colegio y del colegio a casa y a las calles que rodeaban la manzana de casas donde vivíamos. Para mí, aquel pueblo fue la primera naturaleza que descubrí, el primer aire que respiré.

5

LA CASA

Aquella casa
con árbol dando sombra
y fachada blanca.

Sabíamos que cada día que comenzaba iba a estar repleto de maravillas y sorpresas. A la llegada los abuelos nos estaban esperando. Los besos de bienvenida y su forma de besar, lo que habíamos crecido en el último año, el «qué tal los estudios», sus gritos de alegría al vernos y el eco que producían al rebotar sobre las paredes desnudas de la casa, su forma de hablar, su olor, las cosas que habían cambiado desde la última visita. Todo nos llamaba la atención. Pasábamos inmediatamente a reconocer cada variación moviéndonos por toda la casa. Por la cocina, con el olor de la leche recién ordeñada y el aroma de la leche hervida, por el largo pasillo que se prestaba perfectamente para nuestras largas carreras, por los dormitorios con sus alcobas y sus altas camas, sus armarios roperos con espejo y el crujir inconfundible de sus puertas de madera, por la oscura y tenebrosa cochera que guardaba un camión viejo y a la que nunca entrábamos, por el corral con las gallinas, los gatos, el pozo, la pila de piedra donde bebían las vacas, la tinaja de barro donde la abuela almacenaba el agua de lluvia, la cuadra, el asqueroso muladar, el pajar, el gallinero, la cocina de verano con sus trébedes...

Con la mirada propia de un niño, en un instante reconocíamos lo novedoso, lo que había cambiado de lugar, de aspecto.

Al llegar, mi madre llevaba al dormitorio el equipaje dejándolo sobre las camas. La de los abuelos era una casa de olores, de sensaciones, de sorpresas. Un poderoso mundo interior que la habitaba. Todo en ella, de una sola planta, muy grande para nuestros ojos, nos llamaba la atención, a pesar de que sus paredes estaban desnudas y encaladas. No había cuadros, ni libros, ni fotografías ni objetos que nos llamaran la atención. Recuerdo una gran radio de aquellas antiguas que estaba en un pequeño comedor y que el abuelo encendía para oír las noticias. Aquellos olores hacen revivir en mí recuerdos perdidos y me han habitado toda la vida. El ambiente que la impregnaba era algo húmedo y frío, propio de todas las casas de pueblo, pero que se agradecía tanto en aquella época del año. Lo notábamos por la noche, al irnos a dormir, cuando nos hacía encoger dentro de la cama. Aquellos colchones de lana nos acogían en su seno, arrebujados entre las mantas de lana que nos aplastaban y el cansancio acumulado durante todo el día nos llevaba a un profundo sueño casi sin enterarnos. El dormitorio era una gran habitación con dos dependencias separadas por unos arcos de obra. En una de ellas había dos camas altas con sus cabeceros de madera, a las que no llegábamos si no era por medio de alguna pirueta o salto que nos encaramara sobre ellas. Entre ambas había una mesilla de madera. La otra dependencia era una alcoba con un armario ropero, alguna silla, un palanganero con la jofaina y la jarra aguamanil. Y dos ventanas que daban a la calle, ambas enrejadas.

El dormitorio de los abuelos era muy austero, como todas las habitaciones de la casa. Además del reloj de péndulo, una cama muy alta con elementos de latón en el cabecero, un armario ropero y una cómoda eran los enseres que formaban el mobiliario de la habitación. La cómoda siempre fue motivo de comentario entre nosotros, porque pensábamos que en ella guardaban los abuelos mucho dinero. Pero en una ocasión pude comprobar que aquello no era cierto. Vi cómo la abuela abría el último de los cajones. Allí guardaba una vieja caja de lata en la que, eso sí, había muchas monedas de todos los tamaños y billetes de todos los colores. Aquella cómoda ahora está en mi casa. Inalterable. Como siempre estuvo. La heredó mi madre. Y me la pasó a mí porque en su casa no veía forma de buscarle su sitio. Y la tenemos al uso, junto a mi cama. Es una joya. En ella guardamos las sábanas para las camas de toda la casa. Mi mujer me ha insinuado en más de una ocasión que deberíamos restaurarla. Yo le he dicho que no se toca. Está cual era. Con su pátina, su color, su aspecto, sus dorados... hasta conservo la llave con la que la abuela abría y cerraba el cajón donde guardaba aquella lata con su dinero.

Por la mañana algunas veces nos despertaba el canto del gallo con su eco solitario en aquellos silenciosos amaneceres, otras el paso de algún tren madrugador con sus frenadas chirriantes, pero las más de las veces era aquel reloj de péndulo que se encontraba en el dormitorio de los abuelos, que daba las horas y las medias y que se oía en todos los rincones de la casa. Era uno de esos sonidos de infancia que los recuerdas para toda la vida. Lo oías por la noche cuando te desvelabas o te dormías tarde, porque a veces, dormíamos con alguno de los primos en la misma cama, lo cual hacía que retrasáramos la hora del sueño. Y eso era porque hablábamos y nos reíamos constantemente comentando travesuras y juegos de todo el día o relatando películas de cine de esas de buenos y malos en las que el bueno ganaba y se salía con la suya y al final los malvados recibían su merecido. Pero en la madrugada aquel reloj, ante nuestro sueño ya más ligero y aquella dejadez maravillosa de cada mañana, te recordaba, antes de que mi madre nos retirara las mantas para desperezarnos, que empezaba un nuevo día.

Aquel reloj latía en aquella casa como el humilde y cansado corazón de los abuelos, a su mismo ritmo y con la misma solemnidad. Y mi tiempo se paró allí, cuando se detuvo definitivamente el vaivén de aquel péndulo. Muchos años después, compré a un anticuario un reloj igual que aquel, al que escucho, limpio con esmero y observo sin cansarme, llevándome, mientras lo hago, a aquellos recuerdos. Para mí es un pequeño cielo estrellado, es como verle colgado en la pared encalada de aquel dormitorio. Es la primera sonrisa de cada mañana. Acompasa mi tiempo cada día.

«Tú, ¡viejo reloj!
que tocaste para mí
toda la vida».

Son relojes que en España se les conocía como Morez o Comtoise, por estar fabricados en la ciudad francesa de Morez o en la región de Franche-Comte entre los siglos XVII y XX. El mío, con su aspecto tan característico, su carátula de latón donde se representa una gavilla de trigo, la rueda de un carro como el del abuelo, un arado romano y una hoz como elementos agrícolas, recordando nuestras raíces. Su esfera esmaltada e inmaculada con las horas en números romanos, el oro de sus dos agujas, sus dos pesas colgando, su péndulo dorado y su acompasado tic-tac marcan la escurridiza realidad.

«Todos tenemos un jardín secreto
sembrado de dedales, cartas, libros,
caleidoscopios, cuentos, viejas fotos,
playas, reclinatorios, parameras...
nadie diría que esto es un jardín
salvo aquellos que viven para cultivarlo,
para cambiar de sitio los cuadernos
y darle cuerda a los relojes viejos».
Francisca Aguirre.

La cocina era la última de las estancias de la casa. Por una ventana alargada entraba el sol en las mañanas del verano, a través de la cual se veía el corral. Mirar a través de ella y observar lo que allí ocurría era una suprema delicia. Grotescos cacareos de las gallinas picoteando en todo momento, lánguidos mugidos de las vacas en la cuadra, maullidos cercanos de los gatos entrando y saliendo por las gateras, el gruñir de algún cochinillo, algún ladrido lejano y por último el victorioso y erguido canto del gallo coronaba aquel triunfo de lo inesperado. Aquellos hermosos huevos blancos con plumitas pegadas a ellos. Y la abuela de aquí para allá. El corral bullía vida por todos los rincones. Todo lo que había allí tenía sentido. Y era de obligado paso para acceder a las pequeñas dependencias que lo rodeaban. Una cuadra que acogía a dos vacas y un macho, la cuadra de los cerdos, el gallinero, una cocina de verano con chimenea que encendía la abuela en algunas ocasiones para hacer la comida, un pajar, el pozo bajo un colgadizo donde se guardaban trastos y enseres de labranza. El patio era el centro de todo aquel conjunto de pequeños habitáculos.

La cocina era grande y espaciosa con una mesa camilla de las de toda la vida, con faldillas y hule y hueco en su interior para alojar el brasero de cisco en el invierno.

«¡Dadme el aliento hermoso,
alzad las faldas y escarbad el cisco,
la vida, en la camilla de la paz,
en esta camilla madre de la tierra!».
Claudio Rodríguez.

En ella hacíamos todas las comidas. Había también una cocina económica que se atizaba con leña y carbón. Formaba parte de un gran fogón de azulejos blancos con chimenea donde cocinaba la abuela. Aquella cocina de hierro aseguraba el calor. Era la estrella de la casa en los fríos y largos días del invierno castellano.

«¡Pensad que es pronto y el hogar crepita
y está ya al rojo vivo,
y es fragua eterna, y funde, y resucita
aquel tizón, aquel del que recibo
todo el calor ahora,
el de la infancia!».
Claudio Rodríguez.

Cuando íbamos en invierno, por Navidad, lo que más llamaba la atención en aquella cocina era la matanza. Allí arriba, suspendidos del techo, alternaban colgados en varales chorizos y salchichones. El olor que despedían y su color rojo brillante nos hacían, sin querer, levantar la mirada hacia ellos. Allí estaban, quietos, inmóviles, perfectamente alineados, curándose lentamente. Entre ellos, la fría luz de una bombilla que era como el faro del hogar y que alumbraba el centro de la cocina, proyectando siniestras masas de sombras y claroscuros en las paredes. Y mis abuelos, sentados al calor del brasero de cisco. Él, con sus juegos de solitarios de cartas, ella, con sus labores. Y el olor a lumbre en invierno, en su obligada quietud. Fuera, la única luz en las largas noches de invierno era la de la luna, que junto con la helada y el rocío provocaba cencellada sobre las desnudas y ateridas ramas del Viejo Árbol y velaba los pasos de los abuelos.

El tiempo que viví en aquella casa, los viví plenamente. A veces vuelvo con la imaginación a la imagen que conservo de aquellas habitaciones, sus puertas, sus modestos muebles, sus armarios, las alcobas. Amé aquel recinto, sin olvidarlo nunca. La casa está dormida en mi recuerdo. Se callaron los ecos de sus voces.

«Cuando la casa era de verdad una casa,
con tres generaciones de voces recorriendo
sus estancias, llenándola de vida».
Miguel d´Ors.

6

LA ABUELA

Arrugas en su frente, patas de gallos, ojeras:
la escritura del tiempo en su rostro.
Miguel d´Ors.

La abuela se levantaba temprano. Tenía que despachar la leche que Vitor ordeñaba de madrugada a las dos vacas que había en la cuadra. La oíamos, entre sueños, hablar con las mujeres del pueblo que iban a comprar la leche de todos los días, rompiendo el silencio matinal de la casa. Yo, entre sueños, oía que les decía: «Han venido los de la ciudad».

Sus andares eran pausados y tranquilos; su vestido negro, como el de todas las mujeres mayores de aquellos tiempos. Su pelo, ya blanco. Algunas veces la vi peinándose su largo cabello, muy largo, que llegaba hasta su cintura y que luego recogía en un moño apretado y con peineta. Su cara redonda, con muchas arrugas. Su voz era fuerte, resonaba en toda la casa, sobre todo cuando hablaba con el abuelo. Y la recuerdo haciendo las cosas de la casa, con mandil en la cocina, cocinando el cocido de todos los días, aquella sopa de fideos, los garbanzos con berza, relleno, tocino, morcilla y chorizo o las lentejas con arroz que tanto me gustaban.

También la recuerdo en la cancela, zurciendo calcetines con el huevo de madera o tejiendo medias con cuatro agujas, a la sombra de la parra o al sol de la atardecida, sentada con mi madre.

«Cancela al sol.
Mi madre y su madre
hablan y cosen».

O en el corral, recogiendo el agua de lluvia de los barreños de cinc colocados justo debajo de los canalones con los que luego llenaba la tinaja de barro.

«Agua de lluvia
que llena la tinaja.
Canalón de plata».

O echando de comer a las gallinas, llamándolas: «¡Pitas! ¡Pitas!». El agua almacenada en la tinaja de barro solucionaba la higiene diaria, llenaba las jofainas de los dormitorios y muchas cosas más. Por aquellos años todavía no había agua corriente en las casas y de esa manera evitaba el gran esfuerzo que suponía para ella sacar el agua con herradas desde el pozo. Las pocas veces que vino a visitarnos a la ciudad siempre traía algo del pueblo, de la huerta, legumbres de las paneras. Aquel día se presentó en nuestra casa con unos pichones vivos. Las palomas tenían sus nidos en el bajo cubierta de la casa y entraban y salían por unos pequeños agujeros triangulares de la fachada. Mientras hablaba con mi madre relatándole los últimos chismorreos del pueblo, tendía los pichones uno a uno, sobre sus piernas, les apretaba suavemente el corazón; el pichón iba cerrando los ojos poco a poco, muy despacio, como si entrara en un sueño profundo, sin sufrimiento, su cabeza se iba ladeando muy despacio hasta que acababa por apoyarse, definitivamente, flácida y suavemente sobre el mandil que cubría su vestido.

7

EL ABUELO

La infancia es un privilegio de la vejez.
No sé por qué la recuerdo actualmente con más claridad que nunca.
Mario Benedetti.

El abuelo vestía como cualquier vecino del pueblo. Los días de diario nunca se ponía corbata y siempre con su boina. Abrochado el primer botón de la camisa blanca, chaqueta y pantalón negro de pana, reloj con cadena que escondía en un pequeño bolsillo del chaleco. Así imponía su presencia desde lo alto de una de las paredes de la oficina, en una fotografía enmarcada. Porque él era el patriarca de la familia, el que mandaba, el que tenía todo el poder y el control de la pequeña empresa familiar que gracias a su esfuerzo había logrado levantar. Siempre pensando en el trabajo y en cómo mantener vivo todo aquel entorno. Así era al menos en el ambiente familiar en el que nos desenvolvíamos. Qué honda soledad. Quizá algo huraño y sombrío. Caminaba un poco agachado, ya por la edad, con paso lento pero firme y siempre pensativo. Pocas veces se reía. Imponía mucho respeto. Seguramente pensaba en lo que le debía algún acreedor o en la partida de legumbre que debía llegar tal día, desde cualquiera de los pueblos de la comarca. Y un solitario. Porque mientras todos nos sentábamos al relente de la noche, bajo el Viejo Árbol, para contar historias, jugar y divertirnos, él permanecía dentro de la casa. Todos participábamos de aquellos coloquios familiares. Adquirían un brillo y encanto como no he conocido jamás. Adivinanzas, chistes, juegos de palabras, historias muchas veces contadas y repetidas constituían la base de aquellos encuentros.

«Fue cuando las palabras
brillaban como soles manando de la boca».
Rufino Félix Morillón.

Pero al abuelo no le gustaban aquellas algarabías. Apartado, pero relajado y tranquilo, se quedaba en casa fumando su «media faria», que cortaba siempre con su navaja; jugaba haciendo solitarios con aquellas cartas tan manoseadas de todos los días, en la mesa camilla del comedor, escuchando las noticias que emitía la vieja radio, bajo la lámpara de cristal, después de haber ojeado el periódico. Aquellos periódicos leídos y doblados que se dejaban por costumbre debajo de los cojines de las sillas de enea de la cocina y prestaban utilidad para encender la cocina o envolver todo tipo de objetos (huevos, botellas, vasos de cristal...). Podía haber dos o tres ejemplares de días pasados en cada silla. Y aquella navaja que guardaba en uno de los bolsillos de su chaleco. La manera de abrirla, cómo la manejaba a la hora de cortar el pan en la comida, de cortar el «faria» por la mitad, de pelar los ajos a la hora de la comida. De alguna manera su posesión reflejaba dominio, autoridad. Son de esos gestos que tengo grabados en mi cabeza, porque era algo que repetía varias veces al día. No salía, no hablaba. Cuando todos nos íbamos a dormir, ya entrada la noche, cogía las llaves de las puertas de toda la propiedad, unidas todas ellas por una larga cadena, e iba a comprobar si todo estaba en orden, pues de tanto en tanto se oían rumores de algún robo en el pueblo. Comprobaba la puerta trasera de la casa, de la oficina, de la panera «de arriba», de la bodega, de la panera «de abajo» y todas las demás. A su regreso a casa, sabíamos que volvía por el ruido que hacía el manojo de llaves y que colgaba siempre del pomo del larguero de una de las sillas de la cocina. Le oíamos desde la cama, ya medio dormidos. Noche tras noche repetía el mismo recorrido, a la misma hora, los mismos andares, los mismos pensamientos, en que el silencio de la calle se sumaba al silencio del pueblo.

Algunas noches íbamos a casa de tía Lucía, el último de los edificios de la calle, a ver la televisión, novedosa por aquellos años. Sacábamos las sillas a la calle y nos sentábamos todos, frente al gran ventanal del salón, en medio del cual el televisor era el gran protagonista. Solíamos ver el resumen de las etapas del *Tour* de Francia. Eran los años de Bahamontes, Anquetil y Poulidor. Los sábados veíamos el programa de Noche de Estrellas que presentaban Franz Johan y Gustavo Re. No se me olvidará nunca esa pareja de presentadores en aquellos veranos en blanco y negro.

El abuelo discutía mucho con la abuela. Pero la quería. Ese cariño se notaba porque cuando volvía de la ciudad siempre tenía atenciones con ella, generalmente en forma de alimentos, frutas... ¡Ay, aquellos melones y aquellas uvas y aquel vino! De aquellos pueblos donde el abuelo tenía negocios y amigos. Y es que la abuela siempre estaba malucha y con achaques. Aquellos espléndidos melocotones, prohibidos para los demás, eran especialmente para ella.

Se acercaba a la cercana capital periódicamente. Era como un viaje al centro del mundo y era todo un ritual. Distante muy pocos kilómetros, la mayor parte de las veces caminaba hasta la estación para coger el tren. Y cambiaba de aspecto. Madrugaba y se vestía de domingo. Se aseaba, se trajeaba y dejaba su boina en casa. Recuerdo su sonrisa. Las pocas veces que sonreía se volvía niño. Y es otra imagen de la infancia. Cómo podía ser que un hombre tan recio y adusto pudiera convertirse en un niño tan solo con una leve sonrisa en su cara. El ir a la ciudad suponía resolver asuntos pendientes, reunirse con amigos y conocidos de los pueblos vecinos y entablar negocios. Otras veces iba con su hijo, tío Manolo, en el Renault 4/4 que habían comprado recientemente. Y a la vuelta, ya en la comida, era cuando más se hablaba, cuando más discutía con la abuela, cuando daba cuenta las novedades y de si los asuntos se habían resuelto bien.

No puedo por menos de recordar a «Faroles», que así se llamaba el perro que había en casa de los abuelos y que yo no conocí. Fiel como todos los perros, iba a buscarle a la estación de tren a la misma hora de todos los miércoles cuando volvía de vuelta de su viaje a la capital. Algo increíble, pero lo contó uno de los primos mayores. Tenaz memoria la de aquel perro. Según me dijeron los que le conocieron, murió al ser atropellado por un camión.

8

EN LA MESA

La bella languidez de los largos veranos de la infancia.
Christian Bobin.

Por la mañana, mi madre, una vez lavados con el agua de la palangana y aseados debidamente, nos adiestraba para parecer educados ante los abuelos. Darles los buenos días y preguntarles si habían dormido bien. Luego nos sentábamos a la mesa y nos enfrentábamos al tormento de lo que teníamos delante. Un gran tazón de leche que nos teníamos que beber con toda la nata sobrenadando en aquel pequeño lago blanco. ¡Aborrecíamos la nata! Con la cuchara removíamos continuamente para un lado y para otro, pero aquello no desaparecía por más vueltas que dábamos. Se nos enfriaba la leche por todo el tiempo que empleábamos en tratar de eliminar aquellas telillas blancas que nos mantenían en todo momento al borde de la náusea. Nuestro salvavidas hubiera sido el colador, pero semejante y deseado utensilio estaba prohibido o no existía. Por narices teníamos que beber todo el tazón de leche.

—¡Niños, tomaros la leche enseguida, que se os va a enfriar!

«Bajo esta tibia luz que besa
las dulces cosas cotidianas,
qué ciertos son, sobre la mesa,
el pan, el jarro y las manzanas».
Miguel d´Ors.

La hora de la comida también constituía un momento del día muy especial. Mi madre estaba muy pendiente de nosotros. Debíamos ser muy respetuosos, prohibidas las travesuras, los juegos, las risas, los gritos. Que no se oyera una voz altisonante. Todo en su sitio: la mesa escrupulosamente puesta, cada plato, cada vaso, los cubiertos. Daba gusto esperar en la cocina con la comida en la mesa, con todos los olores. Todas las sillas colocadas alrededor de la camilla y cada uno en su puesto, el mismo lugar de todos los días. Todo debía estar preparado para cuando llegara el abuelo. Ese era el momento en que ya nos podíamos sentar. Todos en silencio, pues su presencia de alguna manera imponía. Lo primero que hacía una vez sentado a la mesa era abrir su navaja y cortar el pan, repartiendo un trozo a cada uno; pelaba uno o dos ajos que nunca le faltaban y de los que jamás prescindía. Inmediatamente después servía el vino y la gaseosa. Ambas botellas estaban inmersas en una herrada junto a sus pies, llena de agua fresca del pozo. Y a nosotros, aunque pequeños, nos estaba permitido beber un vasito de aquel refresco de verano para mitigar la sed y el calor. La comida transcurría en silencio y espesa quietud, a veces interrumpida por la abuela quien soltaba algún chascarrillo que se rumoreaba por el pueblo o alzaba su potente voz para iniciar alguna discusión con el abuelo o para tratar de solucionar algún problema que la preocupara. Lo normal era escuchar el insistente maullar de los gatos pidiendo de comer y moviéndose de aquí para allá constantemente. Aquellos gatos no tenían nombre. Se les ninguneaba en todo momento. No se les hacía caso. Eran gatos domésticos y al mismo tiempo callejeros que se tenían que buscar la vida cada día entrando y saliendo a través de las gateras de las dependencias que daban al corral para mantener estable la población de ratas y ratones.

Afuera el sol brillaba sobre la calle y el viento cálido del verano soplaba sobre los trigos y alisaba los campos.

La merienda la hacíamos en la calle y era de obligado cumplimiento. Las más de las veces no era de nuestro agrado. Nos paraba el ritmo del momento. Y era de lo más variada dentro de las posibilidades que había. Nos podía caer una buena loncha de jamón de la matanza del año, bastante gruesa, con su correspondiente tocino alrededor o un buen trozo de chorizo que la abuela sacaba de entre manteca que conservaba en aquellas ollas de barro. Otras veces era un gran racimo de uvas de las que traía el abuelo de los pueblos cercanos. Y si no un trozo de chocolate con una buena rebanada de pan con la nata de la leche hervida de la mañana cubierta con una cantidad suficiente de azúcar. De esa forma presentada sí que nos gustaba.

Por la noche no faltaban las sopas de leche que hacía la abuela con la leche ordeñada de la tarde y con aquel pan candeal con dibujos romboidales en su superficie. Y que no faltaran las sopas de ajo para el abuelo.

9

LAS TORMENTAS DE VERANO

Después de tanta lluvia, tan buena para el campo,
se abre el buen tiempo como un portalón familiar.
Quien haya conocido las llanuras, ahora puede
sonreír imaginando esos verdes que nacen en la tierra.
Félix Grande.

Los días eran largos y para mí las noches eran todas de luna llena. Libre y siempre corriendo sin cansarme jamás, excepto cuando algunas tardes nos sorprendían las tormentas del verano. Yo miraba al otro lado de la carretera y presenciaba el fulgor de la tormenta al atardecer. Después de que el sol brillara con fuerza durante todo el día, aparecían repentinamente crespones enganchados a los campos del horizonte, chocando unos contra otros. Alguna vez coincidía con el paso del tren de camino a la estación que más que correr, galopaba con desesperación, queriendo huir del chaparrón que con seguridad se avecinaba. Los truenos se multiplicaban y surgía el bello fulgor de los relámpagos entre las nubes. Tal estrépito lo invadía todo. Después empezaba a descargar la lluvia. Y por entre la turbonada se atisbaban los esperados resplandores.

«Y ella pasaba grácil, rumorosa,
tierno poema de lluvia temprana
que despeja la tarde
y cede a los sentidos su húmeda tentación».
Rufino Félix Morillón.

Fuera, en la calle, me apoyaba con la espalda a la pared, junto a la ventana enrejada del dormitorio y me dedicaba a mirar sin moverme observando cómo se alejaba el tren y cómo las rachas de lluvia impregnaban todo el ancho de la carretera.

—Entra, ¿no ves que te estás mojando? —me regañó mi madre desde la puerta de casa.

Me arrastró hasta la cocina, me secó la cabeza y me pasó una toalla por todo el cuerpo. La lluvia golpeaba con fuerza las ventanas y se oía su furia sobre el tejado de la casa.

«Gotas de lluvia
resbalan por el cristal.
Escriben versos».

Pasados unos minutos el fragor de los truenos había desparecido. Salí de nuevo a la calle y vi cómo surgía un vapor desde los campos que se elevaba levemente hacia el cielo. ¡Y aquel olor a tierra recién mojada! Desde entonces, cada vez que me viene aquel olor me lleva a las tardes de tormenta de aquellos veranos. De repente todo empezaba a respirar y todo se alegraba en el goce de la luz recobrada. Poco a poco, el atardecer y la noche con su silencio iban invadiendo todo aquel espacio, solo alterado por el croar de las ranas en la lejanía.

10

LAS GENTES

Conservé intacto en la memoria el medio en que vivía.
La atmósfera en que se desarrolló mi infancia,
el aire, la luz, el color del cielo, el sabor de la tierra,
eso yo mantuve. Lo que la memoria me devuelve son esas sensaciones.
Juan Rulfo.

De vez en cuando entraban en la calle todo tipo de gente o pasaban por la carretera. Transeúntes encarando el paso a nivel de camino a la estación u otros pueblos, bien en bicicleta, en burro, o caminando, refiriendo noticias del contorno y de sus gentes. Labradores con sus sombreros de paja, arrieros, quincalleros vendiendo alpargatas, sogas, escabeches, hoces, abonos, y boyeros dirigiendo con su batuta el carro de bueyes hecho de madera que incluso parado crujía, con su andar solemne y parsimonioso. Si el tiempo viajara en uno de aquellos carros, qué días tan lentos y esplendorosos tendría el mundo.

«Los bueyes tienen ritmo
de campanas antiguas...».

De todos ellos, recuerdo a uno en especial. Todos los veranos repetía su visita siempre con su burro y los serones cargados de guindas hasta los ojos. A la entrada de la calle gritaba: «¡Guindas de Villamor!».

Ese grito se me quedó grabado para toda la vida. Igual que su imagen. Era un hombre viejo, menudo, inquieto, con una de sus manos pegada a su boca mientras lanzaba con fuerza e insistencia el grito de su mercancía y la otra apoyada en las posaderas del pollino mostrando su deliciosa y colorida mercancía. Mi abuela y mi madre salían de inmediato a comprar aquel fruto con su amargor característico, de color rojo vivo y luminoso al sol del mes de julio. Siempre había frascos de guindas en aquella casa. El hombrecillo parecía recrearse en ese momento, sonriendo, al ver salir a las dos mujeres con tanta presteza. La abuela mezclaba las guindas con aguardiente reposando así en aquellos frascos durante meses. Al verlos con su color rosado guardados en el vasar, no podías por menos que abrir uno de ellos y meter en la boca una o dos guindas hinchadas y saborear sus esencias. Y sobre todo en el frío invierno era muy normal al final de las comidas como postre. Y también como remedio casero y tradicional para calmar los dolores abdominales. Muchos años después conocí a un vecino de aquel pueblo y le comenté mi recuerdo. La expresión de su cara dibujó una mirada al pasado, sin decir nada. Al poco tiempo me trajo una pequeña caja de cartón con unas pocas guindas del pueblo. Me las ofreció diciéndome: «De los pocos guindos que ya quedan».

Lo miré a los ojos sonriendo y agradecido.

11

LA EMPRESA FAMILIAR

La única patria que tiene el hombre es su infancia.
Raine María Rilke.

Aparte de la empresa familiar de legumbres que el abuelo fundó, pude saber después que también se ocupaba de otros asuntos. Prestaba dinero. Al menos así lo hacía en alguno de los pueblos de alrededor a los que visitaba. Hace unos años, conocí a una mujer, ya mayor, natural de uno de aquellos pueblos. Le pregunté si lo conocían. Me dijo que ella no, pues hacía ya muchos años que marchó de allí. Pero que lo preguntaría en la próxima visita que hiciera. Cuando regresó, me dijo que efectivamente a mi abuelo se le conocía. La gente se acordaba de él y siempre con gratitud porque prestaba dinero a los más necesitados. Y de hecho había una especie de canto popular que se transmitía entre los vecinos respecto a aquella actividad:

«Ya no lo estreno
Ya no lo estreno.
Porque Lucinio
no da dinero
no da dinero.

Vaya unos llantos
que se traen las Inas
en la cocina».

Se movía constantemente por los alrededores. Casi siempre con su hijo, Tío Manolo, en el camión «EBRO» que a mí me parecía tan espléndido. Recuerdo que una mañana, no sé por qué extraña circunstancia, me invitaron a ir con ellos. No recuerdo mi edad, quizá tuviera ocho o diez años. Uno de aquellos pueblos que siempre permanecerán en mi memoria. Fuimos allí a ver una finca sobre la ladera de un pequeño teso con cientos de aspersores funcionando, y recuerdo la luz del sol en aquella mañana de verano, emitiendo miles de destellos cuando sus rayos chocaban con el agua pulverizada antes de caer a la tierra. Basilio y sus hijos, eso creo, eran los artífices de que aquella maravilla se mostrara ante nuestros ojos.

12

EL CAMIÓN «EBRO» Y LOS COCHES

...pero felicidad, lo que se dice felicidad, no la he conocido fuera de los años de la infancia.
Miguel Delibes.

Volviendo a aquel camión, teníamos una constante apetencia de montarnos y conquistar aquella cabina de color rojo, aquel olor a gasolina. ¡Cómo brillaba y relucía el pomo de aquella palanca de cambios! ¡Cómo vibraba cuando el camión estaba arrancado! ¡Cómo batíamos los asientos al mismo tiempo que movíamos el volante y reproducíamos el sonido del motor! Mirábamos los «relojes» y tocábamos los botones distribuidos sobre aquel panel de mandos. Y nos encaramábamos en un santiamén en la caja del camión escalando por las ruedas. Todo aquello hacía las delicias de los más intrépidos conductores, a los que tratábamos de imitar. Incluso llegábamos a tocar la llave de contacto, dispuesta para ser girada y ponerlo en marcha, si no fuera porque en el preciso momento del intento alguna voz cercana nos avisaba: «Cuidado con lo que hacéis».

Qué bien se veía todo desde aquella cabina. No dormíamos la noche anterior pensando que al día siguiente el tío Manolo nos iba a ir a buscar con aquel camión y que habríamos de emprender ese viaje tan extraordinario. Esta Castilla nuestra, a veces, es tan monótona y callada, pero cuando llegábamos ya tan cerca, desde la carretera general ya nos poníamos en alerta. Y de pronto casi sin darnos cuenta aparecía la silueta coloreada e inconfundible de aquel pueblo sobre el verde de los campos y bajo el cielo azul. Este momento era muy compartido con mis hermanos. ¡Íbamos tan altos! Sobre las casas, casi todas de una sola planta, y resaltando sobre ellas, se erguían los dos silos, uno al lado del otro, uno blanco y el otro de color oro; ambos elevándose sobre la llanura, confundiéndose con el cielo, más altos incluso que la torre de la iglesia. Entonces se nos encogía el corazón. Y éramos los niños más felices del mundo.

¡Ay, el 4/4! Y el recuerdo de la caída de uno de mis hermanos por un terraplén por apearse antes de que el coche se detuviera. Ocurrió un verano cuando volvíamos de vacaciones. Era una de esas paradas urgentes porque alguno de nosotros se mareaba y había que detenerse con urgencia. El caso es que mi hermano dio con su cuerpo en tierra. Aquella gran herida que afectaba a una de sus rodillas tuvo que curarla Manolo el practicante en casa durante unos cuantos días.

Quiero imaginarme a Miguel Delibes aplaudiendo con entusiasmo la salida del 4/4 o del «cuatro-cuatro» como apelativo popular, por las calles de Valladolid que es donde se fabricó por los años cincuenta y donde, creo, se desplazaron el abuelo y el tío Manolo para comprarlo. El «haiguita», como así se le llamaba, «por adoptar las formas aerodinámicas de los grandes coches de aquel entonces», según refiere el escritor universal en carta dirigida a la nieta del fundador de FASA.

Y el porqué de su nombre: por la característica de tener cuatro puertas, cuatro plazas y cuatro caballos fiscales franceses.

En mis frecuentes caminatas hacia el Cerro de Las Contiendas y después de cruzar el Pisuerga por la pasarela del Museo de la Ciencia, allí está, tras la cristalera de la planta baja de dicho museo, el primero de los 4/4 que salió de la fábrica, no pudiendo por menos cada vez que paso acercarme a él, mirarle y trasladar mi memoria al 4/4 del abuelo. Este 4/4 del Museo de la Ciencia está siempre acompañado por las eternas miradas de dos personajes universales: Albert Einstein sentado en un banco próximo y un poco más lejos, de pie, Pio del Rio Hortega, eminente histólogo que da su nombre a uno de los hospitales de la ciudad. Siento algo especial cuando paso por ese lugar.

Tengo en casa unas miniaturas del coche. Y es que siempre que le veo en algunas de las películas en blanco y negro de aquellos años o en alguna de las concentraciones de coches antiguos (una de las últimas veces fue en una concentración de Medina de Pomar, en Burgos) o a veces, muy raras, en que veo alguno pasar por alguna de las calles de las ciudades que visitamos o cuando entro en alguna librería de libros antiguos o de segunda ocasión, que no sé por qué extraña razón suelen vender cochecitos en miniaturas en cajitas de plástico transparente. De esta manera adquirí el que tengo en casa, en A Coruña, en una de esas librerías, situada en la Calle Real de dicha ciudad, ya muy cerca de la Plaza de María Pita.

Para mí ese coche fue un mito. Se gestó durante la Segunda Guerra Mundial y fue presentado en octubre de 1946 en el Salón de París y es una de las grandes estrellas de la firma francesa Renault.

Después fue el Seat 1400 negro. Grande y espacioso coche que el tío Manolo lo ponía a cien kilómetros por hora, cosa que pude comprobar. Llegamos a alguno de los pueblos cercanos en poquísimo tiempo, acostumbrados a los ochenta kilómetros por hora del Seat 800 de mi padre. ¡Qué velocidad, aquella! ¡Cómo aumentaba su sensación al sacar la cabeza al viento a través de la ventanilla!

El Seat 800 verde aceituno de mi padre fue posterior. Era la versión familiar del Seat 600. Hasta entonces nuestros viajes al pueblo eran en tren, en el camión «EBRO» o en el cuatro-cuatro, cuando tío Manolo podía irnos a buscar. Y todo cambió un poco. Mi padre se estrenó de conductor con este coche. Nos hicimos más autónomos y el cómo se viajaba entonces, sin cinturones de seguridad y con mi hermano Manuel de uno o dos años que mi madre llevaba encima de sus piernas sentada al lado de mi padre. Tampoco existían esos asientos especiales para llevar a los niños en los asientos de atrás. ¡Qué viajes aquellos! Pero nosotros ilusionados y contentos, a veces cantando todo el rato canciones como esta:

«El pandero que yo toco
es de piel de una ovejita,
antes pacía en el monte
ahora vive en mi casita.

Ay, de mí que ya no puedo,
Ay, de mí que ya no sé,
Ay, de mí que ya no puedo
cantar como ayer canté.

El gaitero mató un sapo
ya lo llevan a enterrar,
ya pueden los niños, madre,
el miserere entonar».

Con el Seat 850 amarillo de tío Eugenio empezó una nueva etapa. ¡Qué sorpresa cuando lo vi por primera vez! Me pareció un coche precioso aquel día de invierno. También, aparcado junto al Viejo Árbol.

13

TÍO MANOLO

He llegado por fin a lo que quería ser de mayor: un niño.
Joseph Heller.

Tío Manolo, como decía, era el que conducía el camión. Recuerdo su tez morena; sus fuertes brazos con las venas marcadas en ellos; sus manos fornidas y seguras agarrando el volante; su pelo negro, ondulado, peinado hacia atrás; su andar presto, cojeando ligeramente. Contento y sonriendo. A veces nos venía a recoger a la capital para llevarnos al pueblo en el camión o en el cuatro-cuatro. En aquellos viajes de tanto en tanto atropellaba alguna libre que entregaba a mi madre para que la cocinara. Conductor seguro y experimentado que parecía que había nacido con sus manos pegadas al volante, recorría los pueblos de la comarca, unas veces solo y otras acompañado por el abuelo. Y gestionaba compras y ventas de productos con agricultores de la zona. Funciones propias del negocio familiar.

La «Lambretta» era otro de los vehículos con los que se movía, con tía Inés, su mujer, sentada en el asiento de atrás.

14

LAS PANERAS

Recuerdo sonidos como esos de mi infancia.
Risas sin motivo simplemente
porque el mundo era hermoso.
Louise Gluck.

Nos gustaba jugar en las paneras. En la panera «de arriba», donde se apilaban sacos de legumbres por doquier. Escalábamos, saco a saco, ascendiendo fácilmente hasta la cima de alguna de las pilas, y subíamos tan altos que a veces tocábamos con la cabeza las vigas que armaban la techumbre, sin que la luz se filtrara por ninguna rendija del tejado. Allá, en lo más alto, la oscuridad de los rincones y la penumbra, constituían unos guardianes invisibles, pues habitábamos en los espacios más recónditos. Allí, en aquellas alturas ocultas, permanecíamos sin miedo a que nadie nos descubriera. Era un refugio perfecto, un escondite. Allí imaginabas batallas, disparábamos pistolas fingidas, guerreábamos con arcos y flechas fabricados con cañas de cañizos que encontrábamos entre los escombros perdidos. Nos escondíamos largos ratos donde nadie nos pudiera encontrar. Era nuestro reducto clandestino. Allí instalábamos nuestros cuarteles generales.

De la panera «de arriba» lo que más llamaba la atención era el fragor de la seleccionadora, tan sonoro en el aire inmóvil de aquellos veranos. Una gran máquina que cribaba la legumbre. Su vibración anulaba toda posibilidad de comunicación. Era el centro de todo el trabajo. Parecía que todo lo que ocurría allí, dependía de su funcionamiento. Y había que estar pendiente de ella en todo momento. Hacía labor de cribado y limpieza retirando impurezas, granos partidos o de un calibre no deseado. Era como una criba gigantesca que funcionaba todo el día. De hecho, era lo primero que se ponía a funcionar nada más empezar la jornada. Unas anchas cintas de cuero transmitían el movimiento de vaivén rodando todo el rato a través de unos rodamientos de madera.

A veces había que tratar los parásitos que convivían con las legumbres. En concreto el gorgojo era un parásito habitual de las lentejas, para lo cual había unas pequeñas dependencias sin ninguna ventilación que se utilizaban para asfixiarlas. ¡Con qué habilidad se sellaban aquellos cuartos! ¡Tapando y encolando con papel de periódico las fisuras y rendijas que quedaban abiertas tras cerrar las puertas para que no entrara ni gota de aire y de luz durante un tiempo determinado! Todo lo demás que allí había eran pilas de sacos, unas más altas y otras más bajas, llenando todos los rincones y espacios. Grandes tampones para marcarlos con tinta negra. En algunas ocasiones éramos nosotros los marcados y luego bronca en casa por el trabajo que constituía limpiar aquellas manchas.

Y los carretillos para transportar los sacos de un sitio a otro... para nosotros aquella herramienta con ruedas era uno de los «juguetes» preferidos. Tratábamos de articular dos de ellos por ver si salía algún ingenio que en vez de dos ruedas tuviera cuatro, sin conseguir que aquella nueva cosa nos sirviera para avivar nuestros juegos.

La panera «de abajo» era distinta. En su interior se almacenaban grandes montones de cebada o de algarrobas. Accedíamos a su cumbre hundiéndonos hasta por encima de la rodilla y a veces hasta la cintura. También soportábamos las bromas de los criados, haciéndonos pequeñas novatadas.

15

LOS CRIADOS

El niño que fui lo llevo dentro y a veces lo saco a la superficie. Lo dejo retozar un rato y, después, lo devuelvo a mi interior.
Fernando Aramburu.

Alguna tarde entraba algún camión para descargar. Eran camiones más grandes que el «EBRO» y cargados hasta las orejas de sacos. Ilusos de nosotros, creíamos que podíamos ayudar en ese trabajo. Claro, que por entonces no había grúas ni carretillas que lo aliviaran. Tío Eugenio era el encargado de organizar eso. Y eran los criados los que se cargaban a las espaldas sacos de hasta cien kilos. Uno tras otro. Situados tan cerca para observar todo, más que ayudar, sin querer, estorbábamos.

—¡Quitaos de ahí!

Los días de mucho calor, se veía correr el sudor por sus frentes. Sudaban a chorro. Y era entonces cuando aportábamos nuestro granito de arena.

—Muchacho, acércame la barrila.

El agua fresca y la barrila llena para calmar su sed dependía de nosotros.

No me cansaba de mirar a aquellos hombres semiagachados y encorvados por el peso de los sacos a sus espaldas con paseos interminables desde la caja del camión hasta la panera. Parecía que sus piernas no iban a aguantar y que en cualquier momento cederían y el saco les aplastaría, cosa que nunca ocurría. No acababan hasta descargar el camión en su totalidad.

Y la habilidad con que manejaban los celemines para llenar con exactitud los sacos de garbanzos o lentejas, cómo los pesaban en aquellas básculas de plataforma y cómo los tenían que apilar para gestionar espacios en la panera.

16

OTRAS LABORES

...¿Y qué ha pasado
para que hoy en plena sazón solo
nos acordemos de la siembra aquella,
de aquel trillar, de aquellos laboreos?
Claudio Rodríguez.

Recuerdo haber trillado en una tierra justo al lado de la carretera. Fue solo una tarde. Bueno, eso es tanto como decir haberme montado en el trillo del abuelo y dar unas cuantas vueltas. Pienso que no era uno de los trabajos más habituales que se hacían. Eran los años en que antes de llegar las aventadoras, y no digamos ya las cosechadoras, se trabajaba de aquella de manera. La siega, los trabajos del verano y los montones de trigo recogidos en las eras.

A veces iba a trabajar otro criado más, el que «picaba» el cerdo cuando se hacía la matanza, al que llamaban «el Capi». Aquel día era el protagonista. No todo el mundo sabía cómo hacer esa importante labor. Y después todos éramos importantes. Menuda zaragata se preparaba. El corral se llenaba de gente. Las mujeres con la sangre del cerdo, lavar las tripas, los hombres, el chamuscarle con paja, destazarle, todas aquellas labores. A todos se nos imponían tareas y todo el mundo sabía lo que tenía que hacer. A los más pequeños nos mandaban pelar piñones para añadirlos a las morcillas. Al concluir la mañana, todos nos sentábamos en una gran mesa a saborear lo que se podía comer ese día. A la cabecera, como digo, presidían «El Capi» y el abuelo.

A los pocos días, parte de la matanza colgada en los varales en forma de chorizos, salchichones, lomo y jamón, pendían del techo de la cocina.

«El marrano era, según lo que hubiera pesado,
motivo de orgullo familiar, centro de todo y rotunda señal
de un mejor vivir.
Pero en la matanza, el que ejercía de sumo oficiante
era el matanchín.
Empezaba la mañana dándosele su buen trago de aguardiente
como un ritual fijo antes de la larga y bien ejecutada cuchillada».
Blas Pajarero (Pablo Rodríguez Martín).

17

TÍO EUGENIO

No sé cómo puede vivir quien no lleve a flor de alma
los recuerdos de su niñez.
Miguel de Unamuno.

Tío Eugenio era el organizador del trabajo en las paneras. Gestionaba las tareas de los criados. Le recuerdo siempre pegado al carretillo, trabajando en la panera «de arriba», siempre con gesto sereno y tranquilo, nunca enfadado, con sus pantalones de tela de mahón, su eterno bigote, su pelo rizoso con entradas en la frente, organizando el trabajo diario, dirigiendo a los criados, controlando la seleccionadora, gestionando espacios en las paneras... Y fumando. Le conocí fumando toda la vida. No era la primera vez que me mandaba al estanco para que le comprara los cigarrillos de todos los días. Y yo estaba siempre pendiente de uno de sus gestos, de una de sus miradas, de una de sus manos que introducía en uno de sus bolsillos del pantalón.

—Anda, acércate de una carrera hasta el estanco y tráeme una cajetilla de Jean.

Inmediatamente me acercaba y le recogía las pocas pesetas en mi mano, que apretaba con todas mis fuerzas para que no se me cayeran. Recuerdo como si fuera ayer la emoción que me producían aquellas escapadas al estanco que estaba muy cerca, en la carretera, al pie del paso a nivel. Yo corría lo más rápido que podía. Dentro del portal del estanco, había que subir unas cuantas escaleras muy empinadas que acababan en un descansillo muy oscuro. En una de sus paredes, a través de una ventanilla semicircular normalmente tapada con una trampilla de madera, la estanquera me despachaba. Yo casi no llegaba a ver su cara y ella, estoy seguro, tampoco podía verme a mí. Yo era bajito y la ventanilla estaba demasiado alta, así que tenía que hablar muy alto para hacerme notar y estirar mucho el brazo para poder dejar el dinero encima de la repisa.

—Me manda mi Tío Eugenio a por una cajetilla de Jean.

Casi siempre que iba al estanco me encontraba con el hijo de la estanquera. Era mucho mayor que yo. Lo recuerdo bajando a grandes saltos aquellas escaleras tan empinadas con sus pantalones bombachos. Y yo volvía a la panera lo más rápido que podía. Sabía que me iba a caer una propina con toda seguridad, primero por el recado y segundo por haberlo hecho en menos que canta un gallo. ¡Claro que agradecía la propina! Pero lo hacía también porque a mi tío no se le podía negar nada. Esperaba a que abriera la cajetilla y encendiera el primer cigarrillo con aquel mechero con brillo de plata, su fulgor, que todos los fumadores tenían, hecho en Austria, de la marca Imco. No fallaba nunca. Solo tenías que añadir gasolina o poner una piedra cuando una u otra se gastaban. Albergaba una llama que acabaría encendiendo el Jean de mi tío Eugenio.

Gracias a él aprendí a andar en bicicleta. Me enseñó con toda su paciencia. Algunas tardes lo esperaba después del trabajo. Y por la carretera, en trayectos cortos, yo montaba en la bicicleta y él sujetaba el sillín para impedir que me cayera. Y así, dándome toda la confianza del mundo, en cuatro ratos, me familiaricé con ella y por las bravas, aprovechando la bajada de la pequeña costanilla del paso a nivel me lancé cuesta abajo sin poder creer lo que estaba sucediendo. ¡Me sostenía encima de ella! ¡Y con esas ruedas tan estrechas! A los pocos días, algunos de mis primos y yo nos acercábamos con nuestras bicis por la carretera hasta los pueblos más próximos, a pocos kilómetros del nuestro, y hasta más lejos. En el primero de ellos, comprábamos garbanzos turrados. En una excursión más larga, cerca ya de los pueblos donde habían nacido mis padres, unos chavales nos zarandearon lanzándonos piedras e intentando que nos cayéramos de nuestras bicis, cosa que no consiguieron. Pero tío Eugenio siempre te escuchaba y te socorría ante cualquier problema que te surgiera: una caída, una herida, el pinchazo de una rueda. Era un hombre de semblante afable y con tal expresión de bondad que era imposible verle sin sentir irresistible inclinación a quererle.

18

UNA BICICLETA CON «ALAS»

La Velox adquiría cada vez mayor velocidad
y yo ya me imaginaba tras la curva
que divisaba al fondo de la carretera,
las portillas cerradas del paso a nivel
y el topetazo inevitable.
Miguel Delibes. *Mi querida bicicleta.*

Pasábamos el curso en la ciudad, deseando que llegara el verano para volver a aquel ancho espacio. Hubo un curso en concreto que, más que otros, deseé que aquello sucediera. Tenía una imagen grabada del final de las últimas vacaciones; recordaba perfectamente dónde había dejado aquella magnífica bicicleta con manillar de carrera, de color verde de uno de mis primos. Con suerte nadie la usaría durante todo el invierno. De manera que no hacía más que soñar con el momento de volver a montarla. Era una bicicleta «con alas». ¡Allí estaba! Justo en el mismo lugar donde la había dejado el verano pasado. Me monto y pedaleo por diferentes caminos y calles del pueblo, hasta la estación del tren, hasta el cruce con la general. ¡Qué sensación de libertad! En uno de esos lances ciclistas, veo delante de mí a lo lejos a dos chicas paseando en la misma dirección. Y claro, me pavoneo delante de ellas, demostrando fuerza y habilidad encima de la bicicleta. Al poco de pasar por delante de ellas muy cerca de la vía del tren, viendo el guardabarrera la velocidad con que, sin percatarme, me acercaba a su puesto y comoquiera que la cadena protectora del paso a nivel estaba puesta ante el inminente paso del tren, corrió rápidamente hacia mí levantando los brazos y gritando con fuerza: «¡Alto muchacho! ¡Cuidado!».

Yo no había previsto esa circunstancia y, sin frenos como iba, el tortazo fue monumental. Di con mis huesos en el asfalto de manera bastante violenta. Todavía recuerdo cómo aquella cadena me atenazó el cuello tirándome al suelo, dejándome una marca de ahorcado redivivo durante bastantes días, y tampoco se me olvidará nunca la imagen del guardabarrera intentando evitar el torpedo que se le venía encima con las manos levantadas ante un estúpido ciclista novato e irresponsable.

19

LA CUADRA DE LAS VACAS

Lo que uno ama en la infancia
se queda en el corazón para siempre.
Jean Jacques Rousseau.

La cuadra de las vacas estaba junto a la casa. Con cuatro pasos que dieras ya estabas dentro de ella. Cuando entrabas todo eran sensaciones para los sentidos. La paja en el suelo y su crepitar cuando la pisabas, las telas de araña forrando todas las vigas de madera del techo, el vaho exhalado por los animales que de forma tan sutil caldeaba aquel espacio, y el ruido que hacían cuando masticaban el forraje o la alfalfa sobre los pesebres de piedra. ¡Cómo olía! Y el calor que se sentía. ¡Qué paz! Tanta que, de alguna manera, por muy despacio que lo hicieras cuando entrabas, las alterabas. Y enseguida: «Muuuu...».

Te miraban con aquellos ojos negros tan grandes y tan brillantes, de mirada mansa, donde te veías reflejado, como si dijeran: «Nosotras las vacas también tenemos derecho a una siesta». Y tú respondías: «¡Chsss! Quietas vacas. ¡Vacaaa! ¡Vacaaa!».

Lo decías porque se lo habías oído decir a los mayores o a Vitor, que era el que limpiaba la cuadra y las ordeñaba. Pero lo decías suavemente porque eras consciente de que molestabas y alterabas aquella paz. Y porque así lo decía también la abuela, con quien yo entraba muchas veces. Luego, una vez ya dentro, cogían confianza, se acostumbraban a tu presencia y empezaban a rumiar. Entrábamos solo para estar un poco con ellas y comprobar si necesitaban algo. Aquella monotonía las hacía felices. Podías echarles un puñado de cebada o un manojo de alfalfa. Cuando se alteraban o se enfadaban y no sabías qué les pasaba llamabas a Vitor que, como digo, las conocía como si las hubiera parido. Las ordeñaba por la mañana y por la tarde, siempre a la misma hora. Yo estaba pendiente y no quitaba ojo de todo lo que hacía. Se remangaba la camisa por encima de los codos y se sentaba en un pequeño taburete de madera con la medida precisa para colocarse justo al lado de la ubre de la vaca. Y la habilidad que tenía para ordeñarlas. Con qué fuerza salía el chorro de la leche. Leche espumosa y densa. Y el sonido al chocar con el fondo de la herrada. Tardaba un buen rato en llenarse. Cuando acababa de ordeñar, llenaba de agua una gran pila de piedra situada junto al pozo. También conseguía llenarla con una habilidad especial y gran esfuerzo, a base de muchos calderos, ayudado de una polea que colgaba de una viga de madera. Parecía que aquella pila nunca se llenaría. Luego sacaba a las vacas que iban derechas a saciar su sed. Salían de la cuadra sabiendo cuál era el verdadero camino que las llevaba a aquella pila. Por el camino, a veces, dejaban caer alguna boñiga, ensuciando el empedrado del corral. Después se bebían toda el agua. Yo no podía comprender aquello que veía. Cómo era posible que pudieran beber tanta cantidad de agua. Les tenías un poco de respeto. Una cosa era verlas tras el pesebre y otra verlas sueltas por el corral. Imponía su tamaño y el ruido que hacían al pisar. No hacían nada, de lo mansas que eran, pero los mayores te metían el miedo en el cuerpo, porque eran muy grandes y te podían pisar con aquellas pezuñas o darte con el rabo según pasaban. Todo sin querer, ¡claro! Por eso, como podía ocurrir, tenías que apartarte todo lo que los mayores te indicaban.

Por las tardes se soltaban todas las vacas del pueblo. Se pastoreaban y las llevaban por la carretera camino de una pequeña charca donde se bañaban, abrevaban y pastaban. Resbaladizas ranas verdi-pardas poblaban aquella charca en ausencia de las vacas. De allí venían sus ecos en las noches de los veranos de entonces. A la vuelta, cada vaca sabía su camino de vuelta. Sin decirles nada, las de los abuelos entraban parsimoniosamente a la calle camino de la cuadra.

20

LA CUADRA DE LOS CERDOS

Niño en brazos del aire.
Luis Cernuda.

La cuadra de los cerdos era diferente. En cuanto abrías la puerta se alborotaban. Me daba más miedo. Eran revoltosos y parecía que querían comerte del hambre que tenían. Por eso Vitor había hecho un látigo para mantenerlos a raya y me explicó cómo debía utilizarlo. Yo me ocupaba de eso. Mientras Vitor les preparaba la comida, yo restallaba continuamente el látigo contra el suelo de la cuadra, impidiéndoles acercarse a los pesebres. Vitor siempre me decía:

—Lo haces muy bien, chaval. ¡Eres un valiente!

Y yo, qué importante me sentía. Aunque, reconozco, que a veces pensaba que no iba a controlar la situación y los cerdos se abalanzarían sobre nosotros y nos comerían. Por eso utilizaba el látigo con energía y lo mejor que podía. Los cerdos chillaban constantemente, se impacientaban y estaban en movimiento continuo. Cuando acabábamos, nos retirábamos y los cerdos se precipitaban feroces hacia la comida, manchándose los morros y mordiendo, si podían, al de al lado. Después, ya acomodados, cada uno en su sitio comían apaciblemente; la paz volvía a imperar en la cuadra. Cerrábamos la puerta y nos marchábamos tranquilamente satisfechos del trabajo bien hecho. Aquella grata sensación todavía no la he olvidado.

A Vitor lo recuerdo ya mayor, con pelo cano y una boina muy ajustada a su cabeza con el color negro perdido, siempre sembrada de polvo y suciedad por el trabajo en cuadras y paneras. Era muy moreno y con fuertes brazos. Siempre se portó bien conmigo. Parece que le estoy viendo ahora. Cuando acababa la jornada, ya a la atardecida, marchaba a su casa pedaleando lentamente encima de su bicicleta, atravesando la calle. Delante de la casa de la abuela, con nosotros descansando sentados en la acera, levantaba uno de los brazos para despedirse:

—Hasta mañana.

21

LOS DOMINGOS

Me gusta volver a visitar, en ciertos momentos,
lugares donde una vez fui feliz;
me gusta moldear el presente a imagen del pasado irrecuperable.
Fiódor Dostoyevski.

Los domingos por la mañana eran los momentos más aburridos de la semana. No podías hacer planes. Mi madre lo organizaba todo, aunque lo sabíamos de memoria. Tocaba aseo, vestirse de domingo e ir a misa. Todas esas cosas eran innegociables y tremendamente aburridas. Lo del aseo era quitarse toda la suciedad acumulada durante toda la semana. Trasteando todo el día entre cebadas, algarrobas, sacos en las paneras, tintas de los tampones, los carretillos, las correrías con la bicicleta y el polvo de la calle. Todo eso se reflejaba en las piernas en forma de moratones, heridas recientes, escoceduras perdurables y roña acumulada. En la casa no había agua corriente ni baño, así que el corral era el lugar indicado junto con las cosas necesarias para tal fin. Nos lavábamos desnudos, de pie, sobre el barreño de zinc, con el agua fría de la tinaja, el estropajo de esparto y el jabón casero que hacía tía Lucía. ¡Como raspaba el estropajo! Claro que esa variopinta suciedad adherida a las piernas así lo requería. Desde entonces y después de tantos años, nunca se me olvida cada día lavarme concienzudamente la zona de los pies que se corresponde con el talón de Aquiles, de tanto como insistía mi madre en lo escrupulosos que debíamos de ser con ese deber. Una vez vestidos con la ropa apropiada para ese día, nos pasaba revista. Y todos estábamos muy pendientes de las campanas de la iglesia. En cuanto tocaban a primeras nos encaminábamos por las calles del pueblo hacia la iglesia.

Allí D. Eduardo, el cura del pueblo, era el protagonista. Recuerdo la iglesia a reventar de gente. Aquellas calladas islas de hombres, de mujeres y de niños, unos mirando al frente y otros cabizbajos, autoculpándonos, era lo que pasaba mientras D. Eduardo predicaba el sermón del domingo que solo con su mirada hacía que se impusiera el silencio, todos afectados por la gran solemnidad del acto en la lóbrega luz que reinaba en aquella iglesia parroquial. Los hombres siempre atrás, los muchachos todos juntos a un lado y las mujeres delante, todas con velos negros sobre la cabeza, misales de la mano y el traje de los domingos. La mirada que nos dirigía el cura desde allá arriba, desde el púlpito o desde el altar, no lo recuerdo bien, siempre malhumorado e inquisitivo, con voz fuerte y amenazadora, recordándonos que éramos malos y pecadores y el infierno era el lugar merecido para purgar nuestros actos. Uno de mis primos, que vivía en el pueblo continuamente y que fue monaguillo nos contaba sus perrerías.

Los domingos por la tarde era cuando se salía de paseo. Nos sentábamos en la acera de la casa de la abuela cerca de la esquina con la carretera, bajo la sombra del Viejo Árbol. Era el lugar perfecto para que Ángel y Tecla, una pareja de viejecitos que vivían muy cerca, colocaran su puesto de confites y golosinas, un carrito de madera con tapaderas de alambre a través de las cuales se podían ver la variedad de dulces que contenía y podías elegir lo que quisieras, ya que disponían de todo: bolas de chicle, pirulís, puros de caramelo, pipas... Su puestecito constituía un atractivo más para animar aquellas tardes. Cuando el sol ya no quemaba, pocas horas antes de la atardecida, salían a pasear las parejas de novios, los grupos de amigos, las muchachas jóvenes cogidas del brazo y, puede decirse, casi todos los vecinos del pueblo. Era el lugar de encuentro. Como una procesión que discurría tranquilamente frente a nosotros, dicharacheros unos, alegres y contentos otros, ataviados todos con el traje de los domingos. Lo más granado pasaba ante nuestra mirada una vez por semana. Parecía como si la esencia de la felicidad de aquella gente radicara en el paseo. Algunos que nos conocían paraban, y afirmaban:

—Este es el pequeño de Inés.

Se establecía una breve conversación del modo más cariñoso. Sin ir a ninguna parte, asomándose a las tierras y enhebrando palabras. No pasaban coches, ni los carros de bueyes ni la cabaña de todos los días. Hasta el abuelo, tan solitario él, buscaba el refulgir del sol de la tarde y aprovechaba para preguntarnos en qué nos habíamos gastado los pocos céntimos de la propina.

22

LA OFICINA

Sin pasado y sin música,
vivir es solo un hecho, un
accidente turbio que se encona
y araña en las paredes del silencio.
Francisca Aguirre.

Nuestra libertad era absoluta. Entrábamos y salíamos por donde queríamos. La oficina era uno de esos lugares en los que siempre acabábamos, sobre todo en días de lluvia o de tormenta. Disponíamos de todo lo que allí había: máquinas de escribir, tinteros, palilleros, tampones, sellos de caucho, secantes... Aquellos objetos estaban diseminados por las mesas de trabajo con su propia identidad. Se utilizaban a diario y no era complicado determinar lo que eran y para lo que servían. Recortábamos los sellos de los sobres de cartas arrojados a la papelera, los guardábamos y los coleccionábamos. Identificábamos los matasellos y así sabíamos el lugar de procedencia de las cartas. Los sellos más valiosos eran los de las cartas que venían de más lejos. Otras veces hacíamos pinitos con las teclas de las máquinas de escribir. Investigábamos su funcionamiento, no sin algún susto, sobre todo cuando el carro de la máquina producía tal estrépito al coger velocidad y no sabíamos pararlo. En aquellas máquinas de escribir, ahora antiguas, empecé a memorizar el lugar que ocupaban las letras y los signos de aquellos teclados que muchos de ellos se corresponden con los teclados de los ordenadores de ahora. Y no puedo por menos de mencionar lo que me ocurrió con la Olivetti de mi padre. Recuerdo que un día se me cayó de la mesa y provoqué un destrozo tan importante que ni corría el carro ni ninguna tecla marcaba la letra señalada en el papel. Empleé todos mis ahorros para llevarla al servicio técnico aprovechando una de las ausencias de mi padre por viajes de trabajo para que no se enterara. Todavía recuerdo la cara del técnico que la arregló. Detrás del mostrador me dijo al entregármela: «Ha quedado perfecta, chaval».

La oficina era el lugar de reunión del abuelo, tío Eugenio y tío Manolo, donde se tomaban las decisiones importantes del negocio. Se reunían para averiguar la calidad de las legumbres. Analizaban diferentes muestras y elegían las mejores. Así sucedía con los garbanzos. Mi abuela confeccionaba pequeños saquitos de tela marcados con letras y números que bordaba con hilo rojo. Los llenaban con las diferentes muestras y los hervían todos juntos en una olla. Una vez cocidos, contrastaban las diferentes cualidades de los garbanzos, aplastándolos con los dedos de la mano para comprobar su consistencia, además de otras particularidades.

23

VITOR Y EL CARRO

Te despiertas de la siesta, y oyes
el traqueteo de un
carro lento.
Te estremeces.
¿Será la historia y
pasará ante tu puerta?
José Jiménez Lozano.

Me gustaba especialmente montar en el carro. Recuerdo el día que aquello sucedió. Encargaron a Vitor llevar unos sacos a la estación del tren. El recorrido era corto, pero lo suficiente para disfrutar de aquel pequeño viaje.

«Unció al carro la mula,
al cuerpo la camisa,
tapabocas al cuello
y al corazón
un bozal de costumbres
laborales
calladas».
Justo Alejo.

Vitor percibió de inmediato la alegría que me daría si lo acompañaba. Unció el macho al carro, se remangó las mangas de la camisa, le puso la cabezada, collarón y tiró de la cadena y echó los sacos de lentejas a la caja del carro. Luego, ya sentado liaba un cigarro de tabaco de la petaca, arrebujaba los ramales en la palma de la mano y el cigarro entre los labios.

—¿Quieres venir, chico? Venga, sube al carro, que nos vamos.

Y soltando un «¡Arre, macho!» comenzó aquel inolvidable viaje.

Ni corto ni perezoso, me encaramé como pude a lo más alto de aquel pequeño montón de sacos, sin ayuda de nadie, ¡por supuesto! Al principio me encontraba inseguro, pero una vez comprobé que aquello era estable y seguro, pude disfrutar en grado sumo. Lo veía todo desde arriba, sobrepasando incluso el alero de los tejados; oía el traqueteo de las ruedas, observaba la habilidad de Vitor con las riendas. Solo deseaba que aquel lento transcurrir por la carretera no se acabara nunca.

«Cargar el carro con los mismos sacos
de juventud y llevarlo
por aquel mismo camino».
Claudio Rodríguez.

¡Cuánto tiempo pasado arrastraba ese carro!

Lo recuerdo rodando sobre el asfalto con aquella parsimonia del paso lento del tiempo, en el mediodía, sin prisas y sin látigo, con la vitalidad justa del macho para no calificar su paso de cansino y resignado.

A los pocos días acordé con Vitor repetir el mismo viaje. Iba a ser después de comer. Aquel día me quedé solo en casa de la abuela durmiendo la siesta. Era también obligado hacerlo a diario, por orden de mi madre. Medio dormido, oí acercarse al carro a la hora convenida. Me levanté de la cama lo más rápido que pude y corrí hacia la puerta, pero por más que lo intenté no pude abrirla. Me subí en una silla y tiré del picaporte hacia mí lo más fuerte que pude. La puerta se agarraba siempre. La golpeé con todas mis fuerzas, daba puñetazos para que alguien me oyera, gritando y llorando desesperadamente, mientras oía pasar al carro pausadamente delante de la casa que se iba alejando camino de la estación. Me senté en el suelo tapándome los oídos para no oír aquel traqueteo, apoyado en la puerta lleno de rabia, desesperación e impotencia.

24

LAS CARRERAS DE BARCOS

Dos cosas serían capaces de entretenerme toda mi vida:
ver correr el agua y ver jugar a los niños.
J. Selgas.

No podíamos jugar a las carreras de barcos cuando queríamos, solo cuando el abuelo tenía que regar la huerta. Al final de la calle, había dos pilones que siempre estaban llenos de agua cristalina que surgía de aquel pozo excavado en las entrañas de la tierra a bastante profundidad y en los cuales tía Lucía lavaba la ropa y donde a veces nos dábamos algún chapuzón o lanzábamos alguna rana para observar el arte del buceo y de la natación. Los días que tocaba regar, el abuelo soltaba el agua de aquellos pilones, que llegaba hasta la huerta por un estrecho canal de varios metros de largo a gran velocidad, transformándose en el más torrencial de los ríos. Era entonces cuando con uno de mis primos aprovechábamos para hacer carreras de barcos. Cogíamos cada uno un pequeño palo o rama del suelo y lo dejábamos ir en la corriente del agua. Ganaba el que primero llegaba. Y repetíamos muchas veces la misma carrera.

25

TÍA LUCÍA

Tus ojos me recuerdan las noches de verano.
Antonio Machado.

Tía Lucía tenía mucho carácter, no paraba. Afanosa, trabajadora. Cosía, lavaba, estaba continuamente ocupada en todas las labores del hogar. Pendiente siempre de los abuelos y de tantas cosas. Habladora, dicharachera. Recuerdo el trato y las conversaciones con su hermana, mi madre; su sonrisa y también verla haciendo pastas en el horno de la panadería del pueblo. ¡Hum! Aquellas pastas, aquel hornazo del lunes de aguas, y aquel pan con el que la abuela hacía las sopas de leche para cenar.

«Recuerdo a aquella mujer
de ojos negros y piel morena
por la calle ancha
¡caminando con viveza!

Con un cesto de ropa limpia
y un cántaro a la cintura.

Sofocada su cara
del peso que llevaba
y por el sol de mediodía.

Con el agua del cántaro
fresca, cristalina
salpicaba la ropa.

Como la nieve
¡resplandecía!

Con jabón de oro,
sol y el agua de la vida,
lavaba todo el día».

Qué guapa está en una de las fotografías que guardamos en la caja de hojalata, de muy joven, reflejando toda su personalidad. Preciosísima fotografía, su pelo negro, sus ojos, su piel morena. No olvidaré nunca su cara, su rostro, el timbre de su voz, su eterno trajinar por la casa, mientras la memoria me sea fiel. Recordaré siempre aquellas temporadas en que me acogió en su casa en los difíciles años de la adolescencia.

26

TÍA INÉS

Cuando el tiempo ya es ido, uno retorna
como a la casa de la infancia, a algunos
días, rostros, sucesos que supieron
recorrer el camino de nuestro corazón.
Fina García Marruz.

Enfrente de la estación, al otro lado de la vía, vivía tía Inés. A las afueras del pueblo, junto a la pobeda. Había que coger un camino que salía antes del paso a nivel. Aquel camino por el que vi discurrir con una pequeña bici de carrera nueva, a gran velocidad, a uno de mis primos. No olvidaré tampoco aquella imagen. El camino tenía el firme de color negro, de carbonilla o polvo de hulla y discurría paralelo a la vía del tren. La casa estaba frente a la estación. Desde ella se veía la pobeda de álamos blancos. Recuerdo al mayor mis primos varones, sudoroso y enrojecido, cargando ladrillos cuando se reformó. Uno de los días que iba con mi madre de visita por aquel camino, acaricié al perro de un vendedor ambulante, creo que era un vendedor de patatas. Repentinamente el perro volvió la cabeza y me hincó el diente en el dedo índice de la mano derecha. Todavía estoy viendo aquella puntada en el dedo y aún siento el dolor que me produjo. Desde entonces me pienso muy mucho acariciar a cualquier perro desconocido.

Recuerdo un día de invierno. Lo recuerdo porque el frío que hacía en el pueblo era muy diferente al que percibíamos en la ciudad. Además, había llovido los días anteriores. Y es que fuimos a casa de tía Inés a ver a dos nuevos primos que todavía no conocíamos. Los recuerdos pequeñitos, recién despertados en su cama. Aquello fue una sorpresa para mí. ¡Qué recuerdos! Algo difuminados. Yo también era un crío.

Y mi tía Inés. Mi madrina. Siempre he alardeado de ello. Y es que es especial. Cariñosa, siempre sonriente. Exquisita ama de casa. La recuerdo trabajando sin parar en aquel patio de su casa, planchando junto al pozo. Su flan con nata, su mermelada de tomate, el zumo de naranja en aquellas jarras de cristal, ¡hum!, qué bueno estaba. La primera cerveza. Los regalos de cumpleaños. El cómo acogió a uno de mis hermanos tratándole como a un hijo más. La recuerdo sin cesar y siempre la tengo presente. Sus besos, sus abrazos, todavía los recibo con mucho cariño y sentimiento. Todos los años nos escribíamos por navidad. Conservo aquellos *christmas* escritos con aquella letra suya tan característica e inconfundible que siempre esperaba con ansiedad por aquellas fechas, cubriendo todo lo blanco de la cartulina sin dejar un espacio libre y en un rinconcito, al final de todo su escrito, la firma del tío Manolo, su marido, que tampoco faltó nunca. Uno de los últimos 29 de septiembre me llamó. Estábamos haciendo la compra de la semana. Recuerdo con nitidez aquel día y aquel momento. Recibí su llamada a media mañana. Era para felicitarme. Que muchas felicidades en el día de mi cumpleaños. Que pasara un buen día. Que qué tal estaba, que tal mi mujer y mis hijas y todo lo demás.

Después de acabar la conversación me quedé sentado en el banco un buen rato (en todas las carnicerías los hay) mientras nos despachaban, acelerado mi corazón, sonriendo y con una especial felicidad.

27

TEATRO EN LA PLAZA DEL PUEBLO

Tengo recuerdos de haber asistido a alguna representación teatral en la plaza del pueblo, frente a la iglesia. Eran familias de cómicos o compañías populares itinerantes antes de su crisis y desaparición, de aquellas gentes de la farándula que recorrían España representando sainetes o comedias.

Extendían unos bancos, montaban un escenario de madera cuyo techo era el cielo estrellado del verano a la luz de la luna y hacían disfrutar a todos los vecinos del pueblo de una noche entretenida y maravillosa.

Eran malos tiempos para aquella gente. A veces llegaban a un pueblo sin estar apalabrados porque otra cosa más segura no había. Y al final de la función pasaban la gorra... y lo que quisieran echar. Trabajaban en cafés, en círculos, en casinos, en almacenes, en patios, en cuadras, donde fuera. Y eso contando con el público que cada día se apartaba más. A veces, en un pueblo estaban hasta diez días, a comedia por día. Y otras veces, en un solo día trabajaban en dos sitios distintos. Con las maletas de la mano, ensayando por los caminos o por donde les dejaban. Arreglaban las comedias porque los autores, según ellos, las escribían demasiado largas, dejándolas en la medida justa, quitando toda la paja y suprimiendo personajes porque si salían muchos, el público se mareaba.

Trabajaban hoy aquí, mañana allí y al día siguiente en ningún lado.

28

LA POBEDA

La hoja nueva del pobo
tan tierna, verde, pegadiza
como recién pintada. ¡Ten cuidado!
Así fue el mundo un día,
antes de ser ajado por los dedos
de los hombres.
José Jiménez Lozano.

A la pobeda íbamos en bicicleta. Era el bosque del pueblo. No conocía tantos árboles juntos en el pueblo más que los que se juntaban en aquella alameda. Estaba pasando la casa de tía Inés, muy a las afueras del pueblo, también frente a la estación de tren. Uno de los veranos acamparon unos extranjeros en ella. Eran franceses. En esto de acampar, de extender tiendas de campaña, nuestros vecinos los franceses estaban más adelantados que nosotros, porque por esos años, principio de los sesenta, no se habían desarrollado todavía en España aquellas formas de viajar y de pasar las vacaciones. No existían los *campings* ni cosa que se le pareciera o si existían debían de ser muy pocos. Su presencia había corrido como la pólvora, y todos los chavales coincidimos con nuestras bicis en su campamento. Recuerdo su pinta de extranjeros, hombres y mujeres, cómo se peinaban y aseaban mirándose en espejitos colgados de los álamos, su forma de vestir tan diferente a la que yo observaba de nuestros mayores, las mujeres, ya con sus pantaloncitos cortos, sus maneras, sus gafas de sol y aquel impresionante Citroën Tiburón de color negro, apoyado prácticamente en el suelo. Todo aquello era tan curioso y novedoso para nosotros que nos quedábamos boquiabiertos mirándolos sin querer apartarnos de su presencia, porque nos dejaban estar... eso sí, sin hablarnos. Me imagino que porque no conocían nuestro idioma.

¡Ay, aquella pobeda! Donde resonaba el beso del viento. Esa palabra se me quedó grabada en la memoria para toda la vida.

«Dulce pobeda,
palidecida estás
en mi memoria».

En una entrevista que una vez hicieron a Miguel Delibes por televisión, hablando de las palabras perdidas, se refirió precisamente a ella. «Pobeda». Palabras oídas a nuestros abuelos, a nuestros padres, muchas de ellas ya olvidadas. García Lorca en su poema se refiere a la alameda:

«En la alameda
un manantial recita
un canto sobre las hierbas».

29

LA ESTACIÓN

Subo al tren del pasado.
Me conduce
al sitio en que se borra la memoria.
José Emilio Pacheco.

Pocos minutos se detenían en aquella estación algunos trenes, lo justo para que los viajeros se tomaran el tiempo de subir o bajar. Otros no se detenían y pasaban a gran velocidad dejando en el aire su estela de humo detenido. Y otros, los de mercancías permanecían más tiempo, para llenar sus vagones de cereales y legumbres.

No era uno de los espacios que frecuentábamos, pero era uno de esos lugares nombrado a cada momento. Era el final del paseo de los domingos. Fue el final de aquel recorrido en carro con Vitor cuando descargamos los pocos sacos de legumbres en aquel oscuro vagón de madera en cuanto el encargado nos abrió la puerta corredera. Y allí se dirigía el abuelo, caminando, todos los miércoles a coger el tren para su viaje semanal a la ciudad y donde, a la vuelta, le estaba esperando aquel perro, Faroles, con su tenaz memoria. Las locomotoras, los ferroviarios, los carros y camiones a descargar, todo aquel mundo, lo que allí ocurría, lo veían y sentían los primos que vivían justo enfrente, al otro lado de las vías, durante los años de la infancia. Aquellos trenes cuando pitan en la memoria no hay nostalgia semejante. Y cuántas veces pensarían en coger algunos de ellos con un destino imaginario.

Y yo, que llevo los trenes y las estaciones latiendo dentro de mí desde siempre. Desde cuando acompañaba a mi madre a la estación de la ciudad donde vivíamos a llevar la cena a mi padre porque tenía que trabajar toda la noche en la fría estafeta de correos con estufa de carbón, repleta de sacas llenas de cartas y paquetes, esperando a ser clasificados para después ser llevados por aquellas carretillas que circulaban entre los andenes para acabar en el correspondiente tren que les dejara en su destino. Y cuando en aquellas tardes que me pasaba en la estación y cuando supuestamente nadie me veía dejaba una chapa de las de las botellas de refrescos sobre unos de los raíles antes de que la locomotora pasara, pensando que a su paso descarrilaría.

Los trenes con compartimentos y un pasillo lateral donde se podían bajar las ventanillas para que el viento te despejara la cabeza y a la vez manchara tu cara de carbonilla. Aquellos trenes de infancia en los viajes al pueblo y de las películas en blanco y negro. Recuerdo el viaje de vuelta de París, después de estar trabajando allí en el verano de 1973. Nada más llegar a casa de los padres, mi madre me comunicó el fallecimiento del abuelo. Y otro mucho más reciente en uno de aquellos mismos trenes de compartimentos que pensaba que ya no existían en un viaje que nos llevó de Varsovia a Cracovia.

Desde entonces y por algunos de los lugares que paso, pueblos o ciudades, no dejo de visitar y fotografiar sus estaciones, observar los relojes, sus formas, su exactitud, las marquesinas, los quioscos de revisas, las gentes, las taquillas de venta de billetes, objetos de tiempos pasados. Y todo el mundo del tren en los libros de arte, pinacotecas. Reconociendo a pintores de finales del siglo XIX y primera mitad del XX, españoles y extranjeros.

30

LLEGANDO AL FINAL

Después de la desaparición de los seres queridos,
de nuestros mayores, viene ese amargo final
de regresar al solar de los sueños deshechos y a la casa,
en que un tiempo, los veranos fueron de oro.
Antonio Colinas.

Mi madre me dijo que, de muy pequeño, no sé, con uno o dos años, me dejó en casa de los abuelos durante unos meses. Yo era el pequeño de los hermanos. De eso, obviamente, no debería de acordarme. Pero dejadme deciros que mi memoria conserva una instantánea. Parece más un ensueño, pero ha perdurado en mi imaginación a lo largo de los años. Estoy en la acera de la casa junto a mi abuela, despidiendo al resto de mi familia, que iban caminando hacia la estación, para coger el tren de vuelta a la capital. Mi padre, de espaldas, con gabardina, llevando una gran maleta de la mano, a la vez que mi madre y mis hermanos nos decían adiós.

Con su marcha, conforme se van alejando mientras permanezco inmóvil, dejo atrás todos estos recuerdos que acabo de desgranar.

31

OTRAS MIRADAS

Tanto miedo tenéis que no habéis advertido
la riqueza que se oculta en la pérdida.
Francisca Aguirre.

En una ocasión leí que los fantasmas de nuestra infancia son indestructibles y no saben envejecer. He sacado a la luz la mirada del niño que fui, aquellos recuerdos que todavía me hacen sonreír. Mis verdaderos fantasmas quedan en otro compartimento de mi memoria. Así como el resto de las personas que entran en estas páginas tendrán los suyos propios. Algunos me los narraron. Así, al igual que yo, el pavor que se tenía a D. Carlos el practicante recordando claramente cómo nos retorcía la oreja preguntando a la vez «¿A quién quieres más, a tu padre o a mí?». Como el miedo que trasmitía D. Eduardo, el párroco del pueblo, de sus ojos, de su voz y de la mirada que tenía. Y el espanto que se sentía al ver a la maestra del pueblo maltratar a algunas de las niñas y el calvario que se pasaba cada mañana al ir a la escuela por tener que presenciar aquel espectáculo de aberraciones y palizas. Por eso tal vez haya otras miradas de lo que fue y de no querer volver a aquel lugar, a aquellos años, a aquella infancia.

«Donde fuiste feliz alguna vez
no deberías volver jamás: el tiempo
habrá hecho sus destrozos, levantado
su muro fronterizo
contra el que la ilusión chocará estupefacta.
El tiempo habrá labrado,
paciente su fracaso
mientras faltabas, mientras ibas
ingenuamente por el mundo
conservando como recuerdo
lo que era destrucción subterránea, ruina».
Félix Grande.

Leí que Cortázar siempre recordó su infancia como una etapa desdichada que le provocó una nostalgia permanente y una profunda ternura por los niños: «Tuve una infancia en la que no fui feliz y esto me marcó muchísimo. De ahí mi interés por los niños. Es una fijación. Soy un hombre que amo muchísimo a los niños...».

Pero yo, que solo iba los veranos y algunos días perdidos durante el resto del año, prefiero quedarme a flor de piel con los buenos momentos aquí descritos, y creo que, con el mucho tiempo, elegí lo que debía olvidar y quedarme con aquella pequeña y bella parte de mi vida.

«Aquellos momentos que flotan
nos tocan con su misterio.
Tendremos siempre el presente
roto por aquellos momentos.

Toca la vida sus palmas
y tañe sus instrumentos.

Acaso encienda su música
solo para que olvidemos.

Pero hay cosas que no mueren
y otras que nunca vivieron
y las hay que llenan todo
nuestro universo.

Y no es posible librarse
de su recuerdo».
José Hierro.

32

EL FINAL

No sé muy bien cómo,
pero si pienso en los años en que ya pasaron las risas antiguas
se truecan en la garganta en el amargo sabor de las lágrimas.
R.L. Stevenson.

Volví a aquel lugar un día de uno de los otoños que siguieron a aquel invierno. Fue un día que tuve que ir a recoger una bicicleta que mi hija Enma compró a un joven camarero que trabajaba en un restaurante de la cercana ciudad. Entré en aquel pueblo una vez más. De nuevo comprobé que la calle no estaba como yo la sentía dentro de mí, solo un trigal de recuerdos. De nuevo la infancia volvió sin querer. Toda la calle me hablaba, me cantaba, incluso me gritaba explicándome qué había ocurrido, lo que ya no estaba y también sobre lo que llegué a reconocer. Aquel mundo ha sobrevivido en las fotografías guardadas en la caja de lata que va y viene de unas manos a otras, entre los hermanos, fotografías tantas veces vistas y comentadas con nuestra madre, de las bodas de nuestros padres y tíos, de su etapa de novios, de viajes, comuniones, fotografías de juventud, algunas muy buenas, en primeros planos con actitudes artísticas, aquellas poses que solo los fotógrafos de antes eran capaces de crear con aquellos revelados de laboratorio para que las fotografías perduraran en el tiempo como el primer día. Un mundo tan antiguo. No sabía cómo llorar todas las ausencias, de las personas, de las edificaciones, de las cosas, del Viejo Árbol, en aquel bullicio, en medio del grito de la memoria. La nostalgia de un mundo desaparecido. Pero cuando vuelvo a aquel escaso tiempo vivido, siempre siento una especial alegría en la oscura felicidad de la melancolía.

Acabé de escribir el 21 de Enero de 2024.
Festividad de Santa Inés.

Índice

Este libro se terminó de editar en Granada
en julio de 2024 por

Aliarediciones

www.aliarediciones.es
info@aliarediciones.es